BEI GRIN MACHT SICH IHR WISSEN BEZAHLT

AF136346

- Wir veröffentlichen Ihre Hausarbeit, Bachelor- und Masterarbeit

- Ihr eigenes eBook und Buch - weltweit in allen wichtigen Shops

- Verdienen Sie an jedem Verkauf

Jetzt bei www.GRIN.com hochladen und kostenlos publizieren

Bibliografische Information der Deutschen Nationalbibliothek:

Die Deutsche Bibliothek verzeichnet diese Publikation in der Deutschen National-
bibliografie; detaillierte bibliografische Daten sind im Internet über http://dnb.d-
nb.de/ abrufbar.

Impressum:

Copyright © 2017 GRIN Verlag
Druck und Bindung: Books on Demand GmbH, Norderstedt Germany
ISBN: 9783346089526

Dieses Buch bei GRIN:

https://www.grin.com/document/509513

Jessica Nagel

Modellierung der Geschäftsprozesse Zoo-Tieraufnahme mit der Methode BPMN und Methodeneinschätzung

GRIN Verlag

GRIN - Your knowledge has value

Der GRIN Verlag publiziert seit 1998 wissenschaftliche Arbeiten von Studenten, Hochschullehrern und anderen Akademikern als eBook und gedrucktes Buch. Die Verlagswebsite www.grin.com ist die ideale Plattform zur Veröffentlichung von Hausarbeiten, Abschlussarbeiten, wissenschaftlichen Aufsätzen, Dissertationen und Fachbüchern.

Besuchen Sie uns im Internet:

http://www.grin.com/

http://www.facebook.com/grincom

http://www.twitter.com/grin_com

Assignment

BPMN-Modellierung Zoo-Tieraufnahme

- Modellierung der Geschäftsprozesse Zoo-Tieraufnahme mit der

Methode BPMN und Methodeneinschätzung -

Verfasserin: Jessica Nagel

Studiengang: Master of Science - IT-Management

I. Inhaltsverzeichnis

II. Abbildungsverzeichnis

III. Tabellenverzeichnis

IV. Abkürzungsverzeichnis

BPM	Business Process Management
BPMI	Business Process Management Initiative
BPMN	Business Process Modeling Notation (Version 1.x)
	Business Process Model and Notation (Version 2.x)
EPK	Ereignisgesteuerte Prozesskette
IT	Informationstechnologie
OMG	Object Management Group
UML	Unified Modeling Language

1. Einleitung

1.1. Problemstellung

Eine prozessorientierte Unternehmensstruktur ist aus der modernen Arbeitswelt nicht mehr wegzudenken (vgl. *Staud*, 2006, III). Um in einer globalen Welt bestehen zu können, ist eine der wichtigsten Aufgaben von Unternehmen die Planung, Steuerung und Überwachungder wertschöpfenden Unternehmensprozesse hinsichtlich Durchlaufzeit, Qualität, Wirtschaftlichkeit und Flexibilität. Mit dieser Aufgabe beschäftigt sich das Business Process Management, abgekürzt durch BPM (vgl. *Elzinga u. a.*, 1995). Eine der Aufgaben des BPM ist die Visualisierung dieser Prozesse, hier hat sich zur grafischen Modellierung die Notation Business Process Model and Notation in der Version 2.0, abgekürzt durch BPMN v2.0 als eine der Spezifikationen durchgesetzt (vgl. *Becker/Probandt/Vering*, 2012, S. 47). BPMN verfügt im Vergleich zu anderen Notationen, wie Ereignisgesteuerten Prozessketten (EPK) oder Unified Modeling Language (UML) über differenzierte Modellierungskonstruktionen, welche BPMN einerseits komplexer aber andererseits auch ausdrucksstärker machen (vgl. *OMG*, 2011). Durch die Geschäftsprozessmodellierung mit BPMN soll ein besseres Business-IT-Alignement ermöglicht werden, da BPMN Modelle sowohl von der IT als auch von nicht IT-affinen Personen entwickelt und verstanden werden können.

Eine differenzierte Einschätzung dieser Methode hinsichtlich der Tauglichkeit, der Verständlichkeit sowie möglicher Defizite soll in dieser Arbeit anhand der der Modellierung des textlich beschriebenen Prozesses der Aufnahme eines neuen größeren Tieres in einen Zoo ermöglicht werden.

1.2. Zielsetzung

Das Ziel der vorliegenden Arbeit ist es, die Methode BPMN zur Prozessmodellierung anhand der Modellierung des Prozesses Zoo-Tieraufnahme einzuschätzen. Um dieses Ziel zu erreichen sollen zunächst die Grundlagen über Geschäftsprozessmodellierung im Allgemeinen und der Methode BPMN im Speziellen erarbeitet werden. Danach soll der textlich beschriebene Prozess zur Zootieraufnahme unternehmensübergreifend modelliert und die textliche Beschreibung durch Nachfrage bei den Prozessakteuren ergänzt werden. Das Finalziel sowie die abgeleiteten Modalziele sind in Abbildung 1 dargestellt.

Finalziel: Einschätzung der Methode BPMN anhand des Prozesses *Zoo-Tieraufnahme* abgeben
Modalziele:
1. Grundlagen über die Methode BPMN erläutern
2. Modellierung des Prozesses *Zoo-Tieraufnahme* mit der Methode BPMN
3. Textliche Beschreibung durch Nachfrage bei den Prozessakteuren ergänzen

Abbildung 1: Zielsetzung der Arbeit

1.3. Aufbau der Arbeit

Um die Voraussetzung für die Modellierung des Prozesses zu schaffen, werden in Kapitel 2 zunächst die Standardelemente der Notation sowie die hierarchische Top-Down-Methode, eine Vorgehensweise zur Modellierung nach Bruce Silver erläutert. In Kapitel 3 wird der Prozess unter Anwendung dieser Methode in BPMN modelliert. Falls in der textlichen Beschreibung Lücken vorhanden sind, werden diese in diesem Schritt durch Nachfrage bei den Prozessakteuren ergänzt. Anhand der Modellierung werden danach die Vor- und Nachteile der Methode gegenübergestellt und eine Einschätzung der Methode hinsichtlich Tauglichkeit und möglicher Defizite vorgenommen. Zum Schluss werden in Kapitel 4 die Ergebnisse der vorliegenden Arbeit zusammengefasst und kritisch betrachtet.

2. Grundlagen

2.1. Geschäftsprozessmodellierung

Eine der bekanntesten Definitionen eines Geschäftsprozesses stammt von Hammer und Champy. Diese bezeichnen einen Geschäftsprozess als eine Menge von zielgerichteten, inhaltlich abgeschlossenen und zeitlich logischen Aktivitäten, die einen oder mehrere Inputs in einen Output umwandeln (vgl. *Hammer/Champy*, 2006). Die Aktivitäten können dabei von einer oder mehreren Organisationen oder Organisationseinheiten durchgeführt werden.

Durch die Modellierung von Geschäftsprozessen können bestehende Prozesse organisatorisch und durch IT verbessert, bestehende Prozesse dokumentiert sowie neue Prozesse eingeführt werden. Die Geschäftsprozessmodelle stellen die wichtigsten Aspekte der Geschäftsprozesse dar und geben eine Übersicht über Verantwortlichkeiten und verwendete Daten. Für die Modellierung wird meist eine grafische Notation verwendet, der ein formales Metamodell zugrunde liegt, dann wird von einer Modellierungssprache gesprochen (vgl. *Müller*, 2011, 8ff). Es gibt verschiedene Arten von Modellierungssprachen, wie beispielsweise Unified Modelling Language, Ereignisgesteuerte Prozesskette oder Business Process Model and Notation (vgl. *Becker/Probandt/Vering*, 2012, 4ff). In der vorliegenden Arbeit wird ausschließlich BPMN in der Version 2.0 als Modellierungssprache verwendet und somit in Kapitel 2.2 erläutert

2.2. Business Process Model and Notation

BPMN ist ein weitverbreiteter Standard zur grafischen Modellierung von Geschäftsprozessen, welche erstmals im Mai 2004 von der Business Process Management Initiative (BPMI) veröffentlicht wurde. Die erste Version namens „Business Process Modeling Notation" wurde in der Version 2.0 in „Business Process Model and Notation" umbenannt (vgl. *Müller*, 2011, S. 11). Die Methode BPMN ist auf den Kernbereich der Prozessmodellierung beschränkt und betrachtet keine organisatorischen oder informationstechnischen Strukturen. Dies hat den Vorteil, dass die Methode nicht zu komplex wird, außerdem werden somit Redundanzen zu anderen Modellierungsmethoden vermieden. Die Intention bei der Entwicklung von BPMN war es, ein technisches Prozessmodell zu entwickeln, dass auch von Personen, die nicht Technik-affin sind, verstanden werden kann (vgl. *Freund/Rücker*, 2017, 27f).

BPMN ermöglicht eine sehr detaillierte Modellierung und differenzierte Parametrisierung aufgrund einer Reihe von Standardelementen mit speziellen Objekttypen. Diese

Standardelemente lassen sich in die vier Gruppen Flussobjekte, Teilnehmer, verbindende Objekte und Artefakte aufteilen.

Flussobjekte lassen sich in Aktivitäten, Gateways und Ereignisse unterteilen. Aktivitäten beschreiben die durchzuführenden Tätigkeiten im Prozess und deren zeitlichen und sachlogischen Ablauf. Falls die Durchführung der Aktivitäten nur unter gewissen Bedingungen oder zeitlich parallel erfolgt, wird dieser Sachverhalt durch Gateways dargestellt. Ereignisse repräsentieren Statusänderungen oder bereits abgeschlossene Aktivitäten, ein Geschäftsprozess beginnt und endet immer mit mindestens einem Ereignis. Die Flussobjekte werden in ihrer Reihenfolge durch verbindende Objekte miteinander verbunden, innerhalb eines Pools werden hierfür, außerhalb eines Pools Nachrichtenflüsse verwendet. Bei Pools kann zwischen auf- und zugeklappten Pools unterschieden werden. Zugeklappte Pools repräsentieren externe Teilnehmer des Prozesses, deren interne Prozesse nicht bekannt sind. Aufgeklappte Pools repräsentieren einen Prozess und lassen sich darunter nochmals in Lanes, welche die Zuständigkeiten repräsentieren, unterteilen. Die Artefakte liefern zusätzliche Informationen zum Prozess, haben allerdings keine direkten Auswirkungen auf diesen. Zentrales Element ist hier das Datenobjekt, welches die Dokumente oder Informationen abbildet, die im Rahmen des Prozesses notwendig sind (vgl. *Becker/Probandt/Vering*, 2012, 26ff; vgl. *Freund/Rücker*, 2017, 28f).

Das mit diesen Standardobjekten modellierte Geschäftsprozessmodell beschreibt den prinzipiellen Ablauf eines Prozesses. Eine Prozessinstanz repräsentiert den Ablauf eines Prozesses in der Realität. Zur Beschreibung einer Prozessinstanz kann das Token-Konzept angewendet werden, welches auch in der vorliegenden Ausarbeitung Verwendung findet. Das Token ist ein theoretisches Konstrukt welches am Anfang einer Prozessinstanz erzeugt wird und dann die Sequenzflüsse entlangläuft. Am Ende einer Prozessinstanz muss das Token im Endereignis wieder zerstört werden. Bei der Modellierung von Prozessen muss auf die Zusammenführung aufgeteilter Token geachtet werden, sowie darauf dass keine Deadlocks entstehen (vgl. *Freund/Rücker*, 2017, 30f; vgl. *OMG*, 2011, S. 27).

3. Modellierung des Prozesses mit der Methode BPMN

In diesem Kapitel wird der textlich beschriebene Prozessablauf der Aufnahme eines Tiers in einen Zoo modelliert. Die exakte Prozessbeschreibung ist in Kapitel VI. Anhang abgelegt und wird der Übersichtlichkeit hier nicht weiter ausgeführt. Zur Modellierung des Geschäftsprozesses wird nach den sechs Schritten der hierarchischen Top-Down-Methode nach Bruce Silver vorgegangen, welche in Abbildung 2 zu sehen sind und in den einzelnen Unterkapiteln erläutert werden (vgl. *Silver*, 2011).

> 1. Abgrenzung des Prozesses
> 2. Hauptaktivitäten in High-Level Plan definieren
> 3. Top-Level Diagramm abbilden
> 4. Top-Level Subprozess in einem Child-Level Diagramm abbilden
> 5. Geschäftslogik hinzufügen
> 6. Schritt 4 und 5 für jedes Level

Abbildung 2: Hierarchische Top-Down-Methode (vgl. *Silver*, 2011)

3.1. Abgrenzung des Prozesses

Im ersten Schritt wird der Prozess abgegrenzt, es werden die Start- und Endereignisse des Prozesses sowie dessen Teilnehmer definiert. Der Prozess wird mit dem Signal-Startereignis, dass ein Tier eintrifft gestartet und kann mit zwei möglichen Blanko-Endereignissen enden, entweder wird ein Tier aufgenommen oder es wird wieder zurück transportiert.

Die Teilnehmer des Prozesses sind der Zootierarzt, der zukünftiger Pfleger, der Zoodiätassistent, die Zooleitung und die Rücksendestelle, diese werden als einzelne Lanes des aufgeklappten Pools Zootieraufnahme, der wie der Prozess heißt, dargestellt. Die Pools der Herkunftsstelle und des Tiertransportunternehmens werden als zugeklappter Pool dargestellt, da die Prozesse intern nicht bekannt und für den Prozess nur die Nachrichtenflüsse zwischen den Parteien interessant sind. Die zugeklappten Pools heißen wie die Teilnehmer.

3.2. High-Level Plan und Top-Level Diagramm „Zootieraufnahme"

In einem High-Level Plan werden die Hauptaktivitäten des Prozesses ausgearbeitet, diese werden dann in einem Top-Level Diagramm als Hauptprozess modelliert. Hierbei können mehrere Aktivitäten zu Subprozessen zusammengefasst werden. In Tabelle 1 sind die Aktivitäten des Hauptprozesses sowie deren BPMN Notation dargestellt.

Aktivität	BPMN Notation
Begleitpapiere empfangen	Empfangen-Aktivität
Tierakte anlegen	Benutzer-Aktivität
Tier untersuchen	Subprozess
Tier offiziell aufnehmen	Benutzer-Aktivität
Transport organisieren	Subprozess

Tabelle 1: Aktivitäten im Hauptprozess „Zootieraufnahme"

Bei der Modellierung des Top-Level Diagramms wird mit dem Happy Path, also mit dem Sequenzfluss der im günstigsten Fall des Prozesses durchlaufen wird, begonnen. Der Prozess wird mit dem Signal-Startereignis, dass ein Tier eintrifft, instanziiert. Dadurch wird die Prozessinstanz gestartet, welche immer genau der Aufnahme eines Tieres entspricht. Dadurch wird das Token erzeugt, welches den Sequenzfluss entlang zur empfangenden Aufgabe läuft. Hier werden die Begleitpapiere von der Herkunftsstelle empfangen, welche als Nachrichtenfluss von der Herkunftsstelle an den Zoo modelliert sind. Das Token läuft weiter zur systemgestützten Benutzer-Aufgabe Tierakte anlegen. Der Dokumenteninput für diese Aktivität ist das Begleitpapier, der Output ist die Tierakte, die als Datenobjekt modelliert wird, da diese Informationen repräsentiert, die durch den kompletten Prozess fließen. Die Tierakte wird außerdem in der Datenbank des Zoos gespeichert, welche als Datenspeicher modelliert wird, da sie unabhängig von der Lebensdauer der Prozessinstanz ist. Von dieser Aufgabe läuft das Token weiter zum Subprozess, in dem das Tier untersucht wird. Nach der Untersuchung wird das Tier offiziell in den Zoo aufgenommen, auch diese Aufgabe wird systemgestützt als Benutzer-Aufgabe vorgenommen und in der Tierakte als Dokumentenoutput vermerkt. Der Prozess endet mit dem Blanko-Endereignis, dass das Tier aufgenommen wurde und das Token wird zerstört. Somit ist die Modellierung des Happy Path abgeschlossen und der Ausnahmepfad kann hinzugefügt werden. Der Prozessablauf kann durch das angeheftete unterbrechende Signal-Zwischenereignis, dass das Tier nicht aufgenommen werden kann unterbrochen werden. Dieses Signal entspricht einem der Endereignisse aus dem Subprozess „Tier untersuchen" und unterbricht den Hauptprozess. Alternativ wäre auch ein Gateway nach dem Subprozess mit Abfrage der beiden Endereignisse aus dem Subprozess möglich. Der Vorteil des angehefteten Zwischenereignisses liegt daran, dass auf den ersten Blick erkannt wird, welcher Pfad der Happy Path ist und welcher nur im Ausnahmefall durchlaufen wird. In diesem Ausnahmefall läuft das Token weiter zur Organisation des Rücktransports, welcher ebenfalls als Subprozess modelliert ist. Danach endet der Prozess mit dem Blanko-Endereignis, dass das Tier nicht aufgenommen wurde und das erzeugte Token wird zerstört, die Prozessinstanz ist somit beendet. Das Top-Level Diagramm mit dem modellierten Hauptprozess ist in Abbildung 3 dargestellt. Eine größere Abbildung des Diagramms ist in Kapitel VI Anhang abgelegt.

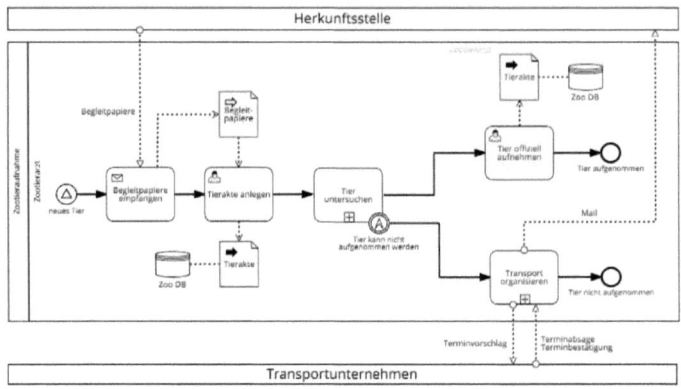

Abbildung 3: Hauptprozess „Zootieraufnahme"

Um die Übersichtlichkeit der Ausarbeitung zu verbessern wurde in diesem Geschäftsprozessmodell bereits die Geschäftslogik, also die Nachrichtenflüsse des Prozesses mit modelliert. Somit wird der fünfte Schritt 5 aus der Top-Down-Methode vor der Modellierung der Subprozesse erläutert. Die Nachrichtenflüsse der Subprozesse, die im Hauptprozess ebenfalls modelliert werden, werden in den Kapitel 3.3 und 3.4 erläutert.

3.3. Top-Level Subprozess „Tier untersuchen"

Der definierte Subprozess „Tier untersuchen" wird in einem Child-Level Diagramm abgebildet. Hierfür werden pro Prozess zunächst auch wieder die Start- und Endereignisse definiert. Der Prozess startet damit, dass ein Tier untersucht werden muss und endet entweder damit dass das Tier aufgenommen oder nicht aufgenommen werden kann. Wenn das Tier nicht aufgenommen werden kann, wird dieser Sachverhalt als Eskalationsereignis modelliert, durch das definiert Fehler ausgelöst und behandelt werden.

Im nächsten Schritt werden die Hauptaktivitäten des Subprozesses definiert, diese sind in Tabelle 2 aufgelistet.

Aktivität	BPMN Notation
Gefährlichkeit feststellen	Benutzer-Aktivität
Tier wiegen	Manuelle Aktivität
Gewicht eintragen	Benutzer-Aktivität
Tier betäuben	Manuelle Aktivität
Blutwerte feststellen	Manuelle Aktivität
Blutwerte eintragen	Benutzer-Aktivität
Tier auf Status „Warten" setzen	Benutzer-Aktivität
Tier isolieren	Manuelle Aktivität
Diätplan erstellen	Benutzer-Aktivität
Diätplan eintragen	Benutzer-Aktivität

Tabelle 2: Aktivitäten im Subprozess „Tier untersuchen"

Bei der Modellierung des Subprozesses wird wieder mit dem Happy Path begonnen. Der Subprozess wird mit einem eigenen Blanko-Startereignis instanziiert, eine Prozessinstanz entspricht einem zu untersuchenden Tier. Das Token wird erzeugt, wenn der Subprozess aus dem Hauptprozess heraus gestartet wird. Für die nachfolgenden Schritte der Untersuchung ist es wichtig ob das Tier gefährlich ist. In der Prozessbeschreibung ist nicht dokumentiert ist, wo diese Informationen gespeichert sind. Die Nachfrage bei den Prozessakteuren hat ergeben, dass diese Angabe in den Begleitpapieren des Tieres steht. Somit ist der Dokumenteninput für diese Aufgabe das Begleitpapier und die Aufgabe ist eine Benutzer-Aufgabe. Das Ergebnis der Aufgabe wird in einem exklusiven Gateway ausgewertet. Das Gateway ist exklusiv, da das Tier entweder gefährlich ist oder nicht und das Token somit nur einen der beiden Sequenzflüsse entlang laufen kann. Falls das Tier gefährlich ist, wird dieses in einer manuellen Aktivität betäubt, danach werden die beiden möglichen Sequenzflüsse in der Aktivität Tier wiegen wieder zusammengeführt. Da bei der Modellierung nach den Method & Style Konventionen nach Bruce Silver vorgegangen wurde, wird auf ein zusammenführendes Gateway vor dieser Aktivität verzichtet. Die Aktivitäten Tier wiegen sowie Blutwerte feststellen sind manuelle Aufgaben, der Eintrag der Werte in die Tierakte erfolgt separat als Benutzer-Aufgabe. Die Aktivitäten werden von verschiedenen Verantwortlichkeiten innerhalb eines Pools durchgeführt und somit durch Sequenzflüsse miteinander verbunden. Die Ergebnisse werden wiederum in exklusiven Gateways ausgewertet. Im besten Fall endet der Prozess damit, dass das Tier aufgenommen werden kann. Falls das Tier Übergewicht hat, wird vorher ein Diätplan erstellt und eingetragen.

Das Ende des Subprozesses wird als Blanko-Endereignis modelliert, das Token wird zerstört und das Token im Hauptprozess läuft weiter.

Nach der Modellierung des Hauptpfades werden die Alternativpfade hinzugefügt, die sich aufgrund der Gateway Auswertungen ergeben. Einer dieser Alternativpfade ist, dass das Tier auf den Status „Warten" gesetzt wird, dies ist eine Benutzer-Aktivität. Nach dem Setzen des Status wird das Tier für eine Woche isoliert. Diese zeitliche Begrenzung wird durch ein Timer-Zwischenereignis symbolisiert, das Token wartet an diesem Ereignis darauf, dass eine Woche vorbei ist, danach kann es weiter laufen. Die Aktivität „Tier auf Status Warten setzen" wird durch ein unterbrechendes Signal-Zwischenereignis abgebrochen, falls der Status bereits das zweite Mal gesetzt werden soll. Das unterbrechende Zwischenereignis hat zur Folge, dass der Prozess abgebrochen wird und das Token nicht dem eigentlichen Sequenzfluss sondern dem Sequenzfluss aus dem Ereignis heraus folgt.

Im schlechtesten Fall kann das Tier nicht aufgenommen werden. In diesem Fall wird das Token im Eskalations-Endereignis zerstört und der Subprozess im Hauptprozess durch ein angeheftetes Zwischenereignis unterbrochen. Der dadurch entstandene modellierte Subprozess mit Einordnung zu den jeweiligen Verantwortlichkeiten und mit Geschäftslogik ist in Abbildung 4 dargestellt. Eine größere Abbildung des Diagramms ist ebenfalls in Kapitel VI Anhang abgelegt.

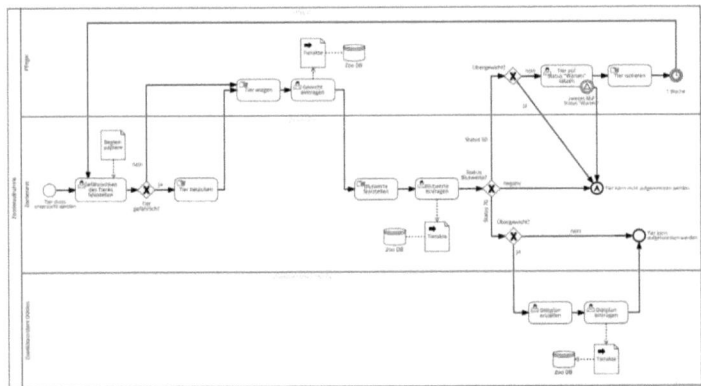

Abbildung 4: Subprozess „Tier untersuchen"

3.4. Top-Level Subprozess „Transport organisieren"

Der definierte Subprozess „Transport organisieren" wird ebenfalls in einem Child-Level Diagramm abgebildet. Der Prozess startet damit, dass ein Rücktransport organisiert werden muss und endet damit dass der Transport organisiert ist, beiden Ereignisse werden als Blanko-Ereignisse modelliert. Eine Prozessinstanz entspricht einem Transport. Die definierten Aktivitäten des Subprozesses sind in Tabelle 3 aufgelistet.

Aktivität	BPMN Notation
Mail schreiben	Benutzer-Aktivität
Mail versenden	Senden-Aktivität
Termin vereinbaren	Manuelle Aktivität
Terminvorschlag versenden	Senden-Aktivität

Tabelle 3: Aktivitäten im Subprozess „Transport organisieren"

Dieser Subprozess beginnt mit einem Blanko-Starterereignis, an dem das Token erzeugt wird. Da die folgenden Aktivitäten parallel ausgeführt werden, wird vorher ein paralleles Gateway modelliert. An diesem parallelen Gateway wird das Token gesplittet und läuft alle Sequenzflüsse entlang. Die Zooleitung und der Zootierarzt schreiben gemeinsam eine Mail an die Herkunftsstelle. Diese Benutzer-Aktivität wird in beiden Lanes modelliert und durch das Artefakt der Gruppierung wird aufgezeigt, dass die beiden Aktivitäten gemeinsam durchgeführt werden. In der textlichen Beschreibung des Prozesses, wird nicht beschrieben wer die Mail versendet. Durch Nachfrage hat sich ergeben, dass der Zootierarzt die Mail verschickt, die als Nachrichtenfluss an den Pool der Herkunftsstelle aus der Senden-Aktivität modelliert wird. Die Rücksendung wird in den Begleitpapieren als Datenobjekt sowie in der Tierakte der ZooDB vermerkt. Nach diesen Aktivitäten wird das parallele Gateway wieder zusammengeführt, der Prozess läuft weiter wenn die einzelnen Token aus den Sequenzflüssen wieder zusammen geführt wurden. Auch der Ablauf der Terminabstimmung wird in der Beschreibung nicht erläutert. Die Nachfrage bei den Prozessakteuren hat ergeben, dass zunächst intern Termine zwischen Rücksendestelle und Zooleitung ausgemacht und in einer Liste gespeichert werden. Die gemeinsame Terminvereinbarung wird durch eine Gruppierung verdeutlicht. Auf Basis dieser Terminvorschlagsliste sendet die Rücksendestelle die Terminvorschläge als Nachrichtenfluss an das Transportunternehmen. Da auf diesen Terminvorschlag entweder eine Terminbestätigung oder eine Terminabsage folgen kann wird ein ereignisbasiertes exklusives Gateway verwendet. Das Token wartet an diesem Gateway darauf, dass eines der beiden Ereignisse eintrifft. Trifft das Ereignis der Terminabsage ein, läuft das Token wieder zurück zur Aktivität Termin senden. Tritt das Ereignis der Terminbestätigung ein läuft das Token weiter zum Endereignis, wird zerstört und der Prozess ist beendet. Der modellierte Subprozess ist in Abbildung 5 dargestellt. Eine größere Abbildung des Diagramms ist in Kapitel VI abgelegt.

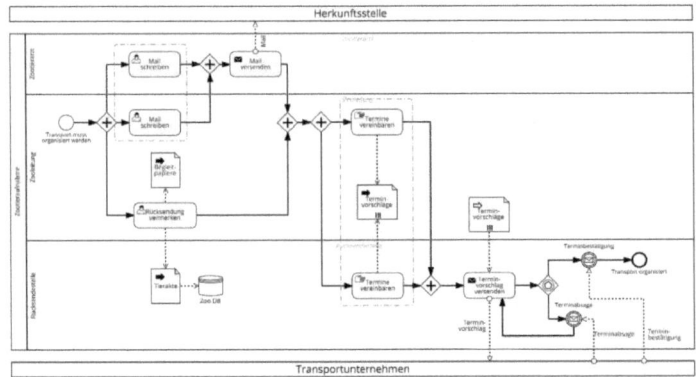

Abbildung 5: Subprozess „Transport organisieren"

3.5. Einschätzung der Methode BPMN

Nachdem der Prozess der Zootieraufnahme modelliert wurde, geht es nun darum die Methode BPMN bezüglich ihrer Tauglichkeit sowie möglicher Defizite einzuschätzen.

BPMN hat sich bei der Modellierung des Prozesses Zootieraufnahme als Methode mit vielen verschiedenen Darstellungsmöglichkeiten erwiesen. So kann derselbe Prozessablauf in unterschiedlicher Weise dargestellt werden, anstatt von Gateways können auch bedingte Flüsse verwendet werden oder das Eintreten von Endereignissen aus Subprozessen könnte im Hauptprozess durch Gateways abgefragt werden. Dies macht die Modellierung zwar sehr vielseitig aber auch komplex. Dieser Komplexität wirken bestimmte Konventionen, wie Best Practices oder die Method & Style Konventionen von Bruce Silver entgegen, die Regeln bereitstellen, wie Prozessabläufe modelliert werden können. Diese Regeln erleichtern die Modellierung, da ein einheitliches Verständnis gewährleistet wird (vgl. *Silver*, 2011).

Zur Vorgehensweise bei der Modellierung gibt es ebenfalls verschiedene Vorgehensweise, eine der bekanntesten Methoden ist die hierarchische Top-Down-Methode von Bruce Silver, die auch bei der Modellierung des Prozesses Zootieraufnahme eingesetzt wurde. Diese Methode bietet eine hierarchische Vorgehensweise, bei der zunächst der Hauptprozess und dann die einzelnen Subprozesse modelliert werden, jeder Subprozess kann hierbei auch weitere Subprozesse haben (vgl. *Silver*, 2011). Durch die Anwendung dieser Vorgehensweise wird das einzelne Modell nicht zu groß und im Hauptprozess kann der komplette Prozess auf High-Level-Ebene betrachtet werden. Die einzelnen Subprozesse stellen dann eine tiefere Ebene dar, die bei Bedarf betrachtet werden kann. Das fertige Geschäftsprozessmodell kann somit auch von Laien sehr gut verstanden werden. Dies liegt auch daran, dass im Grunde nur die drei Symbole Aktivitäten, Gateways und Ereignisse verwendet werden. Diese Elemente haben verschiedene Subtypen, die aber im Ursprung alle auf den Grundsymbolen basieren. Außerdem fokussieren sich die Geschäftsprozessmodelle auf eine Metaebene, also den Gesamtzusammenhang des Geschäftsprozesses und nicht die einzelnen Details, eine ausreichende Detaillierung ist durch Subprozesse aber trotzdem möglich. Die grundlegenden Symbole sind auch aus anderen Methoden bekannt, somit hat die Notation eine gute Akzeptanz. Die Prozesse unterschiedlicher Art werden außerdem in einer einheitlichen Form dargestellt, Haupt- sowie Subprozesse können auch in anderen Modellen wiederverwendet werden. Ein weiterer Vorteil sind die kostenlos verfügbaren Programme zur Modellierung, außerdem ist BPMN von der OMG akzeptierter internationaler Standard, welcher anbieterunabhängig weiterentwickelt wird (vgl. *Graffeille*, 2008). Die in anderen Notationen schwierig zu modellierende Sachverhalte wie Ausnahmen und Ablaufvarianten oder kompensierende Aktivitäten können in BPMN gut modelliert werden. Die Möglichkeit der Darstellung von Ablaufvarianten wird durch Gateways sowie durch angeheftete Zwischenereignisse ebenfalls gegeben. Die Darstellung der Verantwortlichkeiten, welche durch Pools und Lanes symbolisiert werden, ist einfach zu verstehen, es wird allerdings im Vergleich zu anderen Notationen kein explizites Organisationsmodell angelegt (vgl. *Becker/Probandt/Vering*, 2012, S. 30; vgl. *Drawehn u. a.*, 2010, S. 223). Ein großer Nutzen und eine Besonderheit der Notation ist die Modellierung des Zusammenspiels mehrerer Prozesse durch Nachrichtenaustausch. Im Prozess Zootieraufnahme sind dies die Nachrichtenflüsse mit dem Transportunternehmen und der Herkunftsstelle, die modelliert werden können obwohl die internen Prozesse dieser Pools nicht bekannt sind (vgl. *Stiehl*, 2013, Kap. 2.4 ff). Die BPMN Notation bietet eine optimale Verbindung zwischen Geschäftsprozessen und der IT und ist auch für Projektteams geeignet. Die Intention bei der Entwicklung von BPMN, ein technisches Prozessmodell zu entwickeln, dass auch von Personen, die nicht aus der Technik stammen, verstanden werden kann, wurde erfüllt.

Zusammenfassend ist BPMN eine taugliche Notation zur Modellierung von Geschäftsprozessen, die zwar viele verschiedene Darstellungsmöglichkeiten hat und somit etwas komplexer zu erlernen, dafür aber einfach verständlich ist.

4. Schlussbetrachtung

In der vorliegenden Arbeit wurde der Prozess der Aufnahme eines größeren Tieres in einen Zoo, der textuell beschrieben war, als Geschäftsprozessmodell in BPMN modelliert. Der beschriebene Prozess Zootieraufnahme wurde an lückenhaften Stellen durch simulierte Nachfrage bei den Prozessakteuren ergänzt. Da es sich hierbei um die Ist-Aufnahme eines bestehenden Prozesses handelte, wurde keine Optimierung der Prozessabläufe vorgenommen. Dies wäre in einem weiteren Projektschritt möglich, hier könnte beispielsweise die Terminabstimmung mit dem Transportunternehmen optimiert werden, die im Moment sehr lange dauert, da immer wieder Terminvorschläge zwischen Zoo und Transportunternehmen versendet werden, bis eine Terminbestätigung des Transportunternehmen empfangen wird. Hier wäre theoretisch auch ein Dead Lock möglich, falls niemals eine Terminbestätigung empfangen wird.

Bei der Modellierung des Prozesses wurden als Konventionen die Method & Style Conventions von Bruce Silver verwendet und somit beispielsweise auf zusammenführende exklusive Gateways verzichtet. Diese hätten bei BPMN Best Practices modelliert werden müssen. Die Subprozesse wurden im Hauptprozess zugeklappt und dann in separaten Dokumenten modelliert, um die Übersichtlichkeit zu verbessern. Eine weitere Möglichkeit wäre gewesen, diese im Hauptprozess aufgeklappt zu modellieren. Dadurch wäre das Modell meiner Meinung nach allerdings zu groß geworden.

Nach der Modellierung des Prozesses wurde die Methode BPMN anhand der gemachten Erfahrungen eingeschätzt und hat sich als einfach anzuwendende und gut verständliche Methode herausgestellt, die allerdings sehr viele verschiedene Möglichkeiten zur Modellierung aufweist. Ich persönlich werde BPMN in Zukunft ebenfalls zur Modellierung der wichtigsten Geschäftsprozesse bei Einführungsprojekten im SAP-Umfeld verwenden. Durch die einfache Verständlichkeit der Notation können sowohl die Kunden als auch die umsetzende IT die modellierten Geschäftsprozesse verstehen, dadurch können die Prozesse einfacher analysiert werden. Durch die grafische Notation ist außerdem ein besseres Verständnis der Geschäftsprozesse zu erwarten und mögliche Ausnahmefälle können leichter identifiziert werden. Durch die Notation wird ein besseres Business-IT-Alignement angestrebt, dieses wurde meiner Meinung nach durch die einfache Verständlichkeit von Geschäftsprozessen, die mit BPMN modelliert wurden, erreicht.

V. Literaturverzeichnis

Becker, Jörg/Probandt, Wolfgang/Vering, Oliver (2012): Grundsätze ordnungsmäßiger Modellierung: Konzeption und Praxisbeispiel für ein effizientes Prozessmanagement, Berlin: Springer Gabler, 2012

Drawehn, Jens u. a. (Hrsg.) (2010): Business Process Modeling 2010: Modellierung von ausführbaren Geschäftsprozessen mit der Business Process Modeling Notation, Stuttgart: Fraunhofer-Verl., 2010

Elzinga, D. J. u. a. (1995): Business process management: Survey and methodology, in: IEEE Trans. Eng. Manage. 42 (1995), https://doi.org/10.1109/17.387274#

Freund, Jakob/Rücker, Bernd (2017): Praxishandbuch BPMN: Mit Einführung in CMMN und DMN, 5. Aufl., München: Carl Hanser Verlag, 2017

Graffeille, Patrick (2008): Ist BPMN besser als andere Modellierungssprachen?, https://www.xing.com/communities/posts/ist-bpmn-besser-als-andere-modellierungssprachen-1005040597 (Zugriff 2017-02-19)

Hammer, Michael/Champy, James (2006): Reengineering the corporation: A manifesto for business revolution, New York, NY: Collins Business Essentials, 2006

Müller, Jens (2011): Strukturbasierte Verifikation von BPMN-Modellen, Wiesbaden: Vieweg+Teubner Verlag / Springer Fachmedien Wiesbaden GmbH Wiesbaden, 2011

OMG (2011): Business Process Model and Notation (BPMN), Version 2.0, http://www.omg.org/spec/BPMN/2.0 (Zugriff 2017-02-02)

Silver, Bruce (2011): BPMN method and style: With BPMN implementer's guide, 2. Aufl., Aptos, Calif.: Cody-Cassidy Press, 2011

Staud, Josef (2006): Geschäftsprozessanalyse: Ereignisgesteuerte Prozessketten und objektorientierte Geschäftsprozessmodellierung für Betriebswirtschaftliche Standardsoftware, Berlin Heidelberg: Springer-Verlag Berlin Heidelberg, 2006

Stiehl, Volker (2013): Prozessgesteuerte Anwendungen entwickeln und ausführen mit BPMN: Wie flexible Anwendungsarchitekturen wirklich erreicht werden können, Heidelberg: dpunkt.Verlag GmbH, 2013

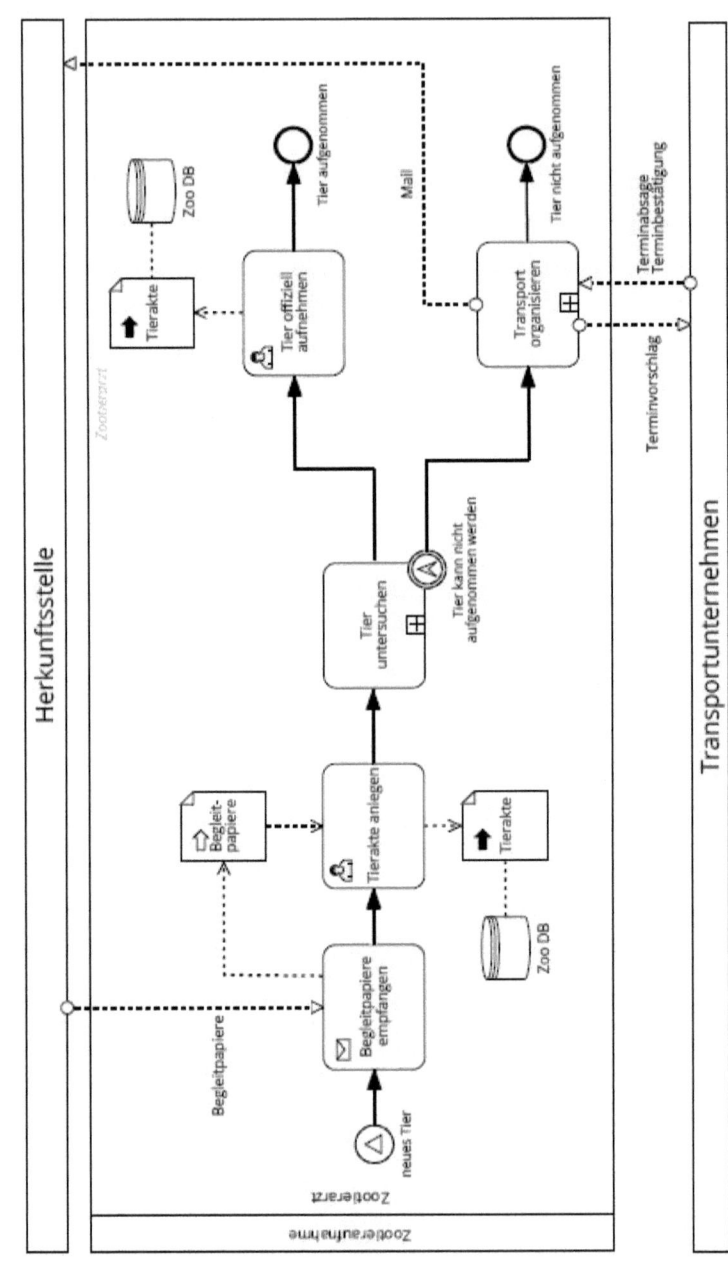

Anhang Abbildung 1: Hauptprozess „Zootieraufnahme"

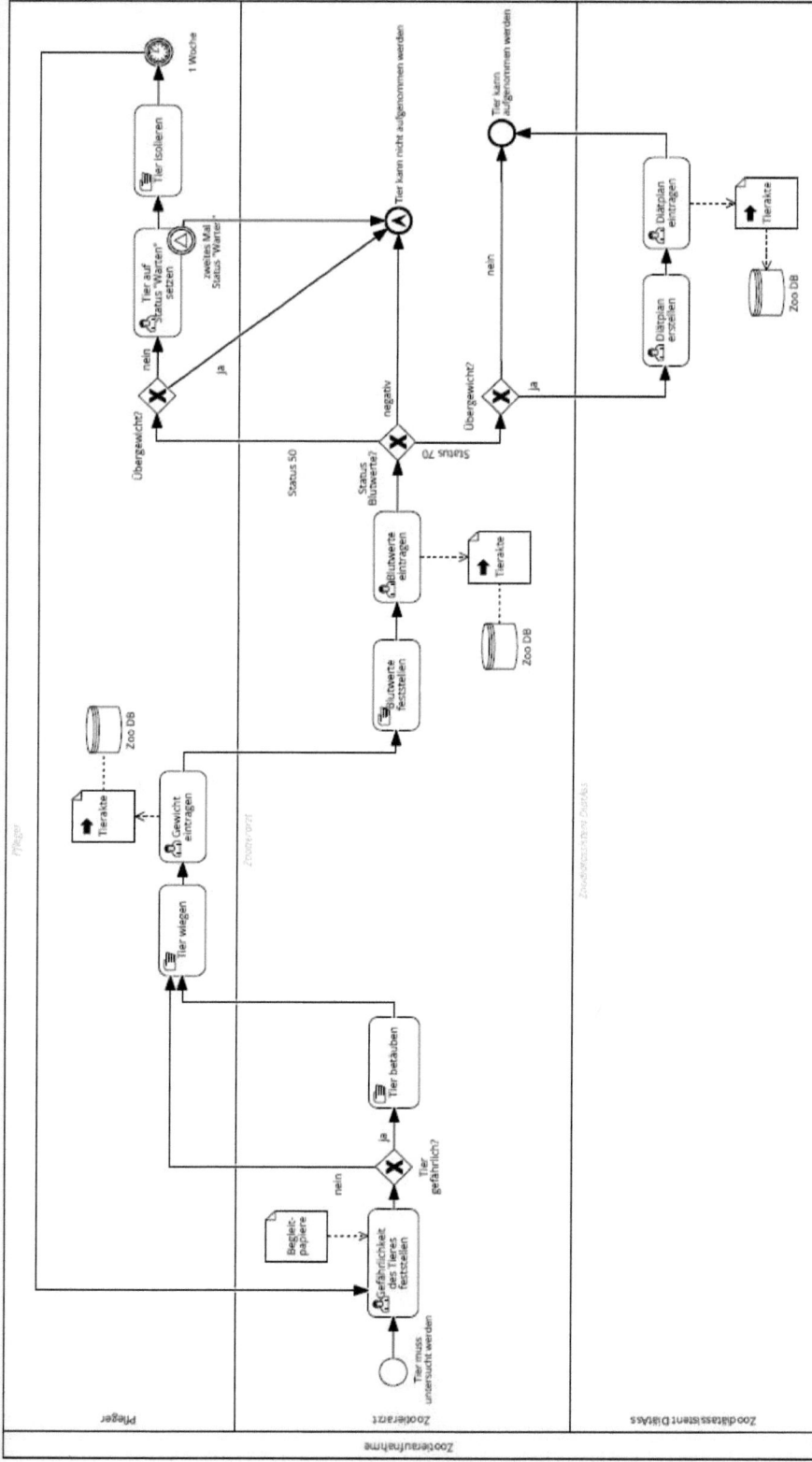

Anhang Abbildung 2: Subprozess „Tier untersuchen"

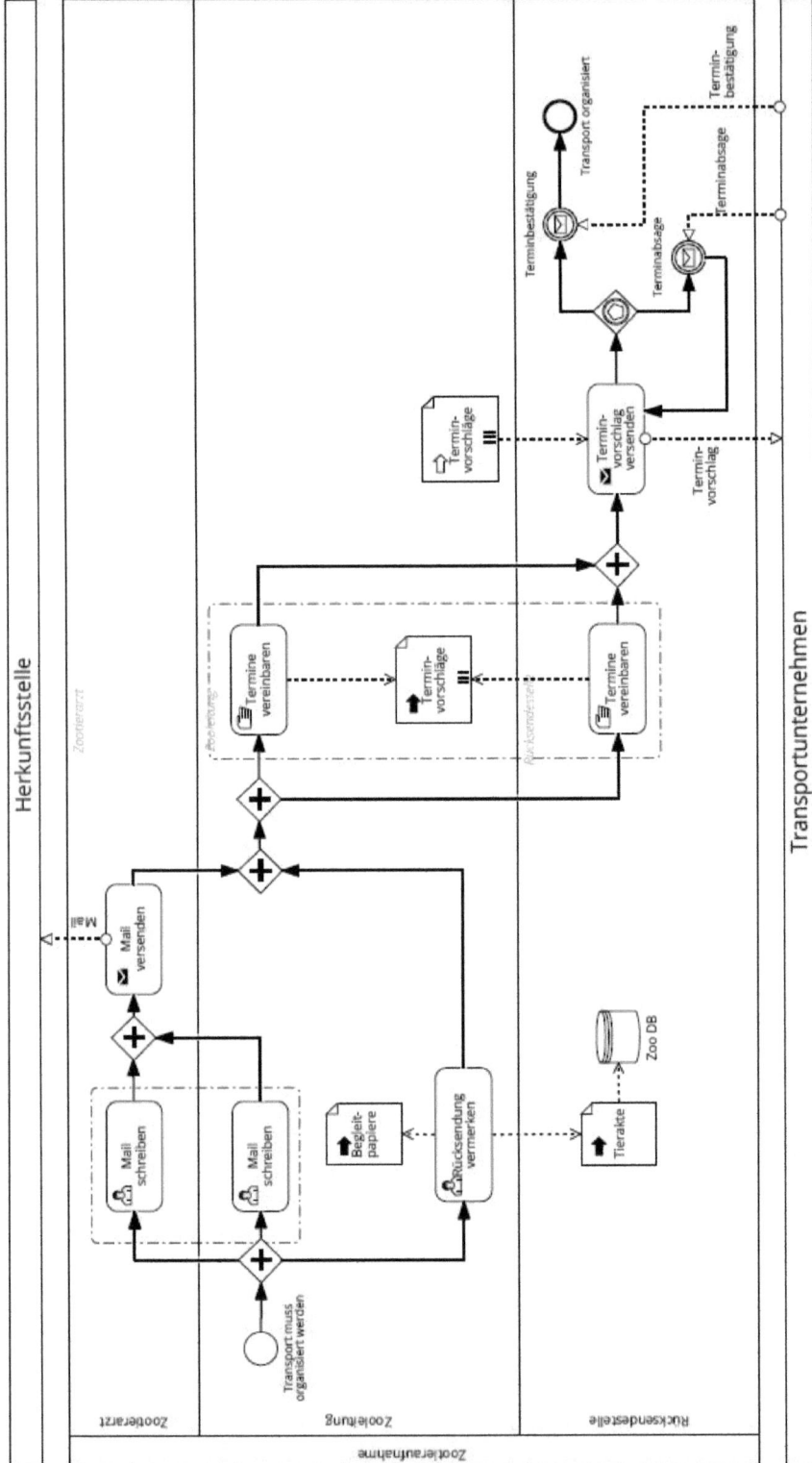

Anhang Abbildung 3: Subprozess „Transport organisieren"

Seite V

BEI GRIN MACHT SICH IHR WISSEN BEZAHLT

- Wir veröffentlichen Ihre Hausarbeit,
  Bachelor- und Masterarbeit

- Ihr eigenes eBook und Buch -
  weltweit in allen wichtigen Shops

- Verdienen Sie an jedem Verkauf

Jetzt bei www.GRIN.com hochladen und kostenlos publizieren